W0094662

W0094662

Vom Zauber der besinnlichen Zeit

AUFGEBLÄTTERT VON BERTL GÖTTL

Vom Zauber der besinnlichen Zeit

DER WEIHNACHTSFESTKREIS

Inhalt

Jetzt fangen wir zum Singen an

Salzburger Herbergslied – Text und Weise Tobi Reiser
Lieder im Weihnachtsfestkreis
Salzburger Lieder- und Jodlerschatztruhe

1. Jetzt fan-gen wir zum Sin-gen an, hal-le-lu-ja! Ver-neh-met all, was sich ge-tan, hal-le-lu-ja! A Stern so hell als wia de Sunn steht ü-ban Bua-chn-roan; und neamd geht au-ßa von da Stubn, hal-le-lu-ja!

Advent

"Die Sichel und die Scheibe im blauen Firmament, sie haben keine Bleibe. Das Jahr ist um. Ich schreibe aufs letzte Blatt: Advent." So mahnt uns die steirische Schriftstellerin Paula Grogger, im Jahreslauf innezuhalten und das letzte Kalenderblatt genauer zu betrachten. Vielfach finden wir dabei den Hinweis auf Adventmärkte, auf Krampus und Nikolaus, auf den heimeligen Brauch des Frautragens und Fraubetens, auf Votivmessen zu Ehren Marias und auf Krippendarstellungen, die besonders im Salzkammergut und in unseren Bergbaugebieten eine kunstvolle Ausprägung fanden. Mit dem 1. Dezember beginnt der "Christmond", eine sonderbare Zeit – berührend und hektisch zugleich. Als Bußzeit vor dem Hochfest mahnt der Advent zur Besinnung, als gewinnträchtigste Jahreszeit rührt der Dezember eifrig die Werbetrommel. So pendeln wir zwischen gläubiger Erinnerung und Vorfreude, zwischen der Auswahl von Geschenken und dem Kauf leicht verzichtbarer Dinge. Die ersten Christen, die mit den Römern über die Alpen kamen, Maximus und

Severin, kannten außer Ostern keine Jahresfeste. Erst im 4. Jahrhundert begann man das Heilsgeschehen geschichtlich zu entfalten und bis zur Jahrtausendwende setzte sich das römische Beispiel der vier Adventsonntage durch. Der Advent wurde der Fastenzeit nachgebildet und als ältestes Zeugnis dient uns die Fastenordnung des Bischofs von Tours, der um 450 in der Zeit von Martini bis Weihnachten wöchentlich drei Fasttage forderte. In unseren bäuerlichen Familien sind auch heute noch alte überlieferte Fastengebote bekannt und im Speiseplan des Hl. Abends lebendig geblieben. Manch armselige Bescheidenheit war wohl in der Not begründet, für Geist und Seele aber ungleich heilsamer als der heutige Überfluss. Ort und Zeit sind die wichtigsten Maßstäbe, Besinnung und Hilfe die Zeichen für den Advent. So beten auch heute noch gläubige Menschen – „Rorate coeli desuper", „Tauet, Himmel" –, wenn sie in der frühen Morgendämmerung eine Roratemesse besuchen.

Rorate, ach tauet ihr Himmel herab

Lieder im Weihnachtsfestkreis
Salzburger Lieder- und Jodlerschatztruhe

frei im Vortrag

1. Ro - ra - te, ach tau - et ihr Him-mel he - rab! Ach reg - net ihr Wol-ken die gött - li - che Gab'! Schickt aus den Ge-rech-ten auf den gar so hart die From-men seit A - bel habn gwart.

Adventkranz und Adventkalender

⤔⤕

Christliches Gedankengut ließ auch im 20. Jahrhundert neue Bräuche entstehen, die in Kirchen und Familien nicht mehr wegzudenken sind. So hat sich der junge evangelische Brauch des Adventkranzes erst nach dem Zweiten Weltkrieg eingebürgert und verweist als Symbol des Erdkreises auf das Kommen des Erlösers. Das Tannengrün bedeutet uns Hoffnung und wenn die vier Kerzen auch in den unterschiedlichsten Farben erstrahlen, so verweist die Kirche auf drei violette und eine rosa Kerze. Violett steht für die adventliche Bußzeit und die rosa Kerze wird am dritten Sonntag (Gaudete) angezündet. „Freuet euch, der Herr ist nahe!" Wenn man nun in diesen Tagen in alten Kalendern blättert, so denkt man unwillkürlich an die Beschaulichkeit abendlicher Stunden vergangener Zeiten. Ein Herdfeuer knistert und verbreitet wohlige Wärme, die bäuerliche Arbeit im Jahreskreis beschränkt sich auf Tätigkeiten in Haus und

Stall und es bleibt Zeit, Talente und künstlerische Fähigkeiten umzusetzen. So sind Kostbarkeiten entstanden, die wir heute in Heimatmuseen und in manch privater Sammlung bewundern: einfaches, formschönes Mobiliar, Krippenfiguren für den Advent, Hinterglasbilder, Truhen und wertvolle Kästen sowie viele „Kleinigkeiten", die uns die Zeit bis Weihnachten so heimelig gestalten. Dazu gehört wohl auch ein Adventkalender, der uns Tag für Tag dem Wunder näher bringt. Dem heutigen Zeitgeist entsprechend, vielfach mit süßen Überraschungen. Gerhard Lang, der Erfinder des Adventkalenders, wollte uns mit Symbolen und Bildern aus der Geschichte unserer Heiligen eine religiöse Hinführung auf das Weihnachtsfest vermitteln.

Barbarazweige

Der Advent bringt uns mit dem „Barbaratag" am 4. Dezember die Erinnerung an eine besondere Heilige und einen damit weitum verbundenen Brauch: das Einwässern der „Barbarazweige". St. Barbara, eine Märtyrerin im 3. Jahrhundert, ließ sich taufen und soll von ihrem heidnischen Vater enthauptet worden sein. Seither wird sie als kräftige Helferin

„Ich brach drei dürre Reiselein"

Barbaralied Volksgut

1. Ich brach drei dür-re Rei-se-lein, vom har-ten Ha-sel-strauch und tat sie in ein Ton-krü-ge-lein, warm war das Was-ser auch.

gegen einen unvorhergesehenen Tod und als Schutzfrau der Bergknappen verehrt. Der Legende nach sollen auf ihrem Grab zur Weihnachtszeit die Blumen geblüht haben. Mit dem Einwässern von Kirschzweigen wird diese Erinnerung gläubig wachgehalten. Als Patronin des Lehrstandes gehört sie zu den „drei heiligen Mädchen" innerhalb der 14 Nothelfer. „Barbara mit dem Turm, Margaretha mit dem Wurm und Katharina mit dem Radl, das sind die drei heiligen Madl!" Für die weihnachtlichen Wetteraussichten heißt es: „Geht Barbara im Grünen, kommt's Christkind im Schnee!" Andererseits bestätigen wetterkundige Naturbeobachter, dass auf kalte Wintertage zu Dezemberbeginn mit großer

Wahrscheinlichkeit weitere kalte Wochen folgen. „Herrscht im Dezember strenge Kält', sie volle achtzehn Wochen hält", meinen alte Bauern und treffen sich dabei mit den Hoffnungen der Wintersportgemeinden. Der Dezember lässt auch verschiedene Prognosen auf das Winterwetter zu und es heißt: „Wie der Dezember, so der Lenz", und ist der Dezember veränderlich und lind, so ist der ganze Winter wie ein Kind!

Christäpfel, Lichterbäume und weihnachtliche Gabenbringer

„… ein herrlicher Duft strömte am 8. Dezember 1900 aus dem großen Saal im bekannten Salzburger Gasthaus ,zum Mödlhammer' in der Getreidegasse und vornehme Bürger drängten sich neugierig durch die Eingangstür."

So beginnt ein Bericht über eine Weihnachts-Obstausstellung, zu der der Salzburger Landesverein für Bienen- und

Obstbaumzucht vor über hundert Jahren eingeladen hatte. Bedeutende Fachleute wie Ludwig Glaab und Martin Hell hatten erstmalig in der Salzburger Landesgeschichte eine Weihnachts-Obstschau durchgeführt und damit großes Interesse hervorgerufen. Auch den Christbaum meiner Pongauer Großeltern zierten noch „Rote Sternrenetten", sorgsam poliert und an Wollfäden aufgehängt. Dass Äpfel und Nüsse vielfach die einzigen Gaben des Nikolaus waren, ist uns wohl auch noch bekannt. Neben Holz und Moos bildeten die leuchtenden Apfelfrüchte auch den wichtigsten Bestandteil im „Nikologartl" und finden sich in unserer Zeit in verschiedenen „Weihnachtsgestecken" aus Äpfeln und Nüssen.

Nikolaus und Krampus

„Asche, Pfingsten, Kreuz, Luzei, die Woch' danach Quatember sei." Dieser Spruch weist auf Fastenzeiten vergangener Zeiten hin, die ihre Wurzel im 4. und 5. Jahrhundert haben. „Luzei" steht für den Luzientag am 13. Dezember. Anfang der 1970er-Jahre wurden die adventlichen Quatembertage auf Mittwoch, Freitag und Samstag der 1. Advent-woche verlegt. Auf eine Woche, die auch im Brauchtum vie-le Besonderheiten hat. Am 5. und 6. Dezember ziehen lichte und dunkle Gestalten von Haus zu Haus: der hl. Nikolaus als Symbol für das Gute und der Krampus als finsterer Be-gleiter mit der Rute. Dieser rückt heutzutage mit furchter-regenden Masken in den Vordergrund, die in wochenlangen Schnitzabenden angefertigt werden. „Je aufwendiger die Maske, desto mehr steigt das Bedürfnis nach Präsentation und Zurschaustellung vor dem Publikum"!

So finden sich schon in den letzten Novembertagen oftmals hunderte finstere Gesellen ein, die von tausenden Besuchern freudig begrüßt werden. Brauchverständnis unserer Zeit, das Generationen nach uns beurteilen werden. Wenn auch viel-fach die wilden Gesellen überwiegen, so sind sie im Brauch dem Nikolaus untergeordnet und in einer „Pass" zusammen-geschlossen. Das Vorbild des heutigen Nikolaus stammt aus Lykien, einer Landschaft in Kleinasien. Hier wurde Nikolaus als Sohn frommer Christen geboren und erwies sich bei vielen Gelegenheiten als heimlicher Wohltäter. Der Legende nach verhalf er drei Töchtern eines armen Mannes zur Mitgift, in-dem er ihnen einen Beutel mit Goldstücken durchs offene Fenster warf. Seit dem Spätmittelalter zählt der Heilige zu den 14 Nothelfern und wurde Patron vieler Bruderschaften,

der Fährleute, der Ministranten, der Reisenden, der Schiffer und Seefahrer. Durch die byzantinische Prinzessin Theophanu, die Gattin Kaiser Ottos II., kam die Nikolausverehrung am Ende des 10. Jahrhunderts nach Deutschland.

„Regnet's an St. Nikolaus,
wird der Winter streng, o Graus!"

Hahnergickerl, Strohschab und Buttenmandl

„Brüader, lafts z'samm, wo der Weg macht des Kreuz!", ruft der „Buttenmandlmeister" im Berchtesgadener Land, wenn an den ersten Adventwochenenden die Buttenmandl mit Geschrei und Glockengeläut die weit verstreuten Gehöfte aufsuchen. Eine „Buttn" beschreibt mundartlich ein großes Holzgefäß, mit dem man bei den Erntearbeiten das Trinkwasser auf das Feld getragen hat. Auch das Dreikönigswasser, mit dem man die keimende Saat besprengte, hat man mit der „Buttn" oder „Budschn" auf den Acker getragen. Irgendwann

– vor langer Zeit – hat sich der Brauch mit dem Nikolaus verbunden, der in Loipl immer ein verheirateter Mann sein muss. Neben den „Krampein" oder „Gangerl" ist auch noch das „Nikoloweibl" mit dabei, ein junger Bursch in der Berchtesgadener Mädchentracht, der in seinem Korb die Geschenke für die Kinder trägt. Ähnliche Strohgestalten finden sich in dem seit Jahrhunderten überlieferten Nikolospiel im steirischen Tauplitz. Bis zu 60 Maskierte sind dabei auf den Straßen, allen voran die „Strohschab", Fruchtbarkeitsgeister, die sich mit dem hl. Nikolaus zu einem christlichen Einkehrbrauch verbinden. Klaubauf, Ruatntroger und „Sonta Klos" – so nennen sich winterliche Maskenträger im Südtiroler Vinschgau, die in christlicher Umdeutung jeweils am Samstag vor oder nach dem Nikolaustag unterwegs sind. Mit Lumpen und aufgenähten Stoffstreifen, mit Hörnern und geschnitzten Masken schauen sie zwar ganz dämonisch und bedrohlich aus, wollen aber als Fruchtbarkeitszauber die Geister vertreiben und das Böse aus den Menschen herausschütteln. Alles freut sich über die „Umarmungen", bei denen man natürlich vor allem die weiblichen Zaungäste im Auge hat. Am begehrtesten ist die Rolle der „Esel", die mit Kuhschellen die Dämonen vertreiben wollen. Ganz in Rot oder Schwarz gekleidet sind die Teufel. Die „Weißen" tragen ein langes weißes Hemd mit rotem Gürtel und Silberreifen, sie bilden als „Ruatntroger", „Katechismustroger", „Liachttroger" und „Köstentro-

ger" zusammen mit dem „Sonta Klos" die Nikolausgruppe. Die Tage und Nächte um die Wintersonnenwende sind im Volksglauben mit geheimnisvollen Erscheinungen verbunden. Abwehrriten gegen Geister und Dämonen vermischen sich mit der Wiedergeburt der Sonne, mit dem christlichen Fest der Geburt Christi und so wie in der Wilden Jagd mit Sagengestalten. In Salzburg ist der 2. Donnerstag im Dezember der Termin der „Wilden Jagd", ein vorweihnachtliches Brauchtum, das von der Brauchtumsgruppe „Jung Alpenland" getragen wird. Figuren aus der Sagenwelt des Untersberges und des winterlichen Maskentreibens sollen das Böse von Haus und Hof verscheuchen – ewig gültiges Ritual im menschlichen Lebenskreis. So begegnen uns Moosweibl und Hahnergickerl, Hexe und Riese Abfalter, Saurüssl, der unheilverkündende Rabe, die Habergoaß und der Tod. Mit Schwegelmusik und mystischen Tanzschritten wird den Familien Referenz erwiesen, die ihrerseits mit einem Kletzenbrot oder Selbstgebrannten die Perchten belohnen.

„Pfeif, Wind, pfeif übers Moos, pfeif, dass de Schneewolkn fliagn! Auswendi blas alls aus, einwendi kehr alls aus, bis dass sih d' Geister verziahgn."

Klöpfllied

Lieder im Weihnachtsfestkreis
Salzburger Lieder- und Jodlerschatztruhe

1. Mia wün - schn euch al - len glück -
se - li - ge Zeit, so - lang euch da
Herr-gott das Le - ben ver - leiht.

Frautragen und Klöpflbräuche

Maria Empfängnis am 8. Dezember wird auch „Mariä Erwählung" genannt und vielfach missverstanden. Im Mittelpunkt steht nicht die immerwährende Jungfrauschaft der Muttergottes, sondern der Glaube, dass Maria in der Verbindung mit den Verdiensten Christi von jedem Makel der Erbsünde bewahrt worden ist. Ursprünglich, wie heute noch in der Ostkirche, feierte man das Fest der Empfängnis der heiligen Anna, neun Monate vor Mariä Geburt am 8. September. Einer der schönsten Bräuche, das „Frautragen", erinnert an die Herbergssuche. Ein Bild der hl. Maria, oder auch eine kleine Statue, wird allabendlich von Haus zu Haus getragen und in frommer Erwartung aufgenommen. In einigen Weilern und Dörfern sind es Mitglieder des Kirchenchores, die mit dem Bild der Muttergottes auf dem Weg sind, andernorts trifft man junge Menschen aus Brauchtumsvereinen oder einfach gute Nachbarn. Mit dem Englischen Gruß, einem gemeinsamen Gebet oder einem Marienlied wird um Herberge gebeten und dem Bild ein Ehrenplatz zugewiesen. Eine Nacht bleibt nun die Gottesmutter symbolisch im Haus, ehe das Bild am nächsten Abend weitergetragen wird. Dabei werden wohl auch persönliche Schicksale berührt, Glück und Segen erhofft und nachbarschaftliche Bindungen gefestigt.

Himmlisches Jerusalem

Landschaftskrippen als Zeugnisse vergangener Lebensformen

Die Adventsonntage und die Zeit zwischen Weihnachten und Dreikönig laden zum „Kripperlschauen" ein, wobei eine „Kripperlroas" nach Ebensee besonders eindrucksvoll ist. Die Salinenarbeiter – Pfannhauser genannt – verband ja das gemeinsame Schicksal der Entbehrungen. Mit bescheidenstem Werkzeug stellten sie ihre Figuren her, bauten die Landschaftskrippen und malten das Himmlische Jerusalem. Im Zentrum finden wir die Heilige Familie und auf dem Weg zur Krippe all das, was die dörfliche und berufliche Gemein-

schaft der damaligen Zeit prägte: Hirten und Bauersleute
bringen Schafe, Hühner, Mehlsäcke und Leinwandballen
dar, Holzknechte, Jäger, Knappen und Köhler verrichten ihr
Tagwerk in der segensreichen Nähe des Jesuskindes. Dieses
wird aber erst am Heiligen Abend in die Krippe gelegt. So
wie die jährliche Krippenausstellung im Salzburger Heimat-
werk, die Krippensammlung im Salzburg Museum und die
vielen kirchlichen Krippendarstellungen die große Vielfalt
der schöpferischen Formen zum Ausdruck bringen, so
wechselhaft ist auch die Geschichte unserer Weihnachts-

krippen. 1223 feierte Franz von Assisi im Wald von Greccio eine vorweihnachtliche Messe. Dabei wollte er den Gläubigen die Geschichte um die Geburt Christi mit einem geistlichen Schauspiel „augenscheinlich" machen. Diese szenische Darstellung mit Ochs und Esel an der Futterkrippe war der Beginn einer Entwicklung liturgischer Spiele und ist eine der Wurzeln unserer Weihnachtskrippe.

Die erste sicher bezeugte Darstellung der Geburtsnacht war eine Jesuitenkrippe in Portugal um 1560. In den folgenden Jahrzehnten breitete sich diese Art der Kirchenkrippe über Böhmen und Bayern bis in unsere Gegend aus. Ab 1615 ist eine Krippe im Kloster Nonnberg belegt, und über die Kapellen der Fürsten und Adeligen kam sie als „Hauskrippe" in unsere Wohnungen. Bei all den Krippen fühlt man die Kraft gläubiger Menschen, die in den Figuren und Bauten gegenwärtig ist. Neben den Kastenkrippen mit feststehenden Figuren sind sog. „Mechanische Krippen" überliefert, wie z. B. die über 250 Jahre alte Grundner Krippe in Altenmarkt im Pongau. An Fäden und Kurbeln wird dabei das ganze Brauchtumsjahr lebendig, Geburt und Kindheit des Jesuskindes dargestellt und durch die Kustodin Helga Sobota im Altenmarkter Heimatmuseum in eine Weihnachtsgeschichte eingebettet. Die Krippe aus dem 18. Jahrhundert hat eine Größe von 1,80 m x 1,60 m, 120 Figuren, von denen etwa 80 beweglich sind. „Gemma Grundner-Kripp'm schaun", hieß es schon in meiner Kindheit, in der diese Kastenkrippe beim Grundnerbauern zu bestaunen war.

Der berühmteste alpenländische Krippenbauer im vergangenen Jahrhundert war der Pinzgauer Xandi Schläffer, der von 1899 bis 1984 in Saalfelden gelebt und gewirkt hat. Von Paris über Los Angeles bis zur Weltausstellung in Mexico City anlässlich der Sommerolympiade 1968 wurden seine Krippen gezeigt. Seine „Pinzgauer Krippen" sind auch heute noch allgegenwärtig und seine ehemaligen Schüler fleißig am Werk. Die derzeit größten Holzkrippenfiguren der Welt stehen im Holzmuseum Lignorama in Riedau, die der Bildhauer Meinrad Mayrhofer aus Pram bei Ried 2005 aus einer Weißtanne schuf.

Bevor der Christbaum im 19. Jahrhundert in den deutschen Wohnungen Einzug hielt, stand die Weihnachtskrippe im Mittelpunkt der Weihnachtsfeier. Schon Erzherzog Johann schrieb 1823 in seinem Tagebuch: „In früherer Zeit, als ich klein war, gab es ein Kripperl, dabei Zuckerwerk – aber sonst nichts."

Raunacht und Orakelbrauch

„Bettstatt, i tritt di', heiliger Thomas, i bitt di'"

Das kalendermäßige Stundenglas zeigt uns am 21. Dezember den mit acht Stunden kürzesten Tag, bevor die Sonne zu Winterbeginn in das Zeichen des Steinbocks tritt und der Tag wieder zunimmt. Obwohl im Römischen Generalkalender von 1969 der Apostel Thomas am 3. Juli, am Tag der Übertragung seiner Reliquien, gefeiert wird, gilt die Thomasnacht auch heute noch in manchen Familien als erste Raunacht. Ob der Begriff „Rau(h)nacht" von den rauen Gestalten abgeleitet wird oder vom schönen Brauch des „Räucherngehens", lässt sich schwer begründen und auch die Volkskunde ist sich hier nicht ganz einig. Überliefert ist uns aber ein Spruch, der sich auf die Speisen bezieht: „Raunächt' sand vier, zwoa foast und zwoa dürr." Zu den „dürren" Raunächten, bei denen am Vorabend kein üppiges Essen erlaubt war, zählen die Thomasnacht und Silvester. Bräuche, die beim übervoll gedeckten Tisch unserer Zeit wieder neue Bedeutung erhalten könnten. In vielen bergbäuerlichen Familien gelten aber noch diese überlieferten Formen, in denen sich alte Riten, symbolhaftes Verhalten und gläubiges Gebet verknüpfen. Im Besonderen ist der Thomasabend als erste Raunacht dem Orakelbrauch günstig, vor allem dem bekannten Zwetschken- und Weichselbaumschütteln der ledigen Mädchen, die „unterm Aveläuten" an einem Bäumchen rüttelten und sprachen: „Zwetschkenbam, i schüttl di', heiliger Thomas, i bitt di', lass mir a Hunderl belln, wo si' mei Schatz tuat meldn!" Auch heiratslustige Mädchen sahen früher der Thomasnacht voller Erwartung entgegen. Sie glaubten nämlich an einen Spruch, der voller Andacht kniend gebetet wurde: „Bettstatt, i tritt di', heiliger Thomas, i bitt di', lass mir im Traum erschein', den Herzallerliabsten mein!" Ähnlich aussichtsreich war auch das „Pantoffelwerfen". Dabei wurde ein Pantoffel oder ein Schuh über die rechte Schulter geworfen. Zeigte die Spitze zum Mädchen, gab es im kommenden Jahr eine Hochzeit, stand sie von ihm weg, ging die Liebschaft auseinander! Der Thomastag ist aber auch ein Wetterlostag und es heißt:

„Wenn St. Thomas dunkel war,
gibt's ein schönes neues Jahr."

Schon läuft zu End die Zeit

Lieder im Weihnachtsfestkreis
Salzburger Lieder- und Jodlerschatztruhe

1. Schon läuft zu End' die Zeit, doch oh-ne
muss in die Fer-ne weit Ma-ri-a

Wei - len, An Jo-sefs treu-er Hand,
ei - len.

mit Got-tes Un-ter-pfand, geht sie durch

Berg und Tal viel lan-ge_ Mei - len.

Weihnachtsschützen

Mit Handböller und Prangerstutzen, wie es seit Jahrhunderten Obrigkeiten geziemt, wird in Salzburg und im Berchtesgadener Land auch das Christkind begrüßt und „angeschossen", mit einem Lauffeuer in Arnsdorf, von den Prangerstutzenschützen des Flachgaues, den Festungsschützen der Stadt Salzburg und den zahlreichen Weihnachtsschützen rund um den Untersberg. Ein uralter Brauch, der wegen seiner heidnischen Wurzeln vielfach mit Verboten belegt war. Dies bezeugt auch die Geschichte dieses Lärmbrauches, der sich vom Vegetationskult zur christlichen Verkündigung gewandelt hat.

Ursprünglich wollte man mit Lärm und Gepolter, mit Ketten und Schellen die vegetationsfeindlichen Dämonen und Geister davonjagen, schlüpfte in Tiermasken, um in Perchtenläufen die Finsternis zu vertreiben. Nach Einführung der Feuerwaffen (Erfindung des Steinfeuerschlosses in Nürnberg im Jahre 1517) wurden auch diese in bäuerlichen Weilern als Lärmquelle eingesetzt. Die bäuerlichen Lehensträ-

ger waren ja aus Gründen der Landesverteidigung angehalten, Waffen im Hause aufzubewahren. Alte Gerichtsprotokolle aus dem 17. Jahrhundert berichten nun von Übergriffen und Verstößen, die mit strengen Verboten und Strafen belegt wurden. „So ist demnach alles Schießen und Blenkeln, sonderlich bei Hochzeiten und Rauchnächten bey scharfer Straf verboten ...!" Erst in der zweiten Hälfte des 19. Jahrhunderts erfolgte eine engere Bindung des Brauches an den kirchlichen Kult, der nunmehr vereinsmäßig ausgeübt wird.

Bachlkoch und Bachlschneid

Adam und Eva, die Patrone der Gärtner und Schneider, geleiten uns in die weihnachtliche Raunacht. Abgeleitet vom „Backen", wird der 24. Dezember „Bachltag" genannt und in manchen Gegenden das „Bachlkoch" zubereitet, ein Mehlkoch als überlieferte Kultspeise. In vielen bäuerlichen Familien ist der Hl. Abend ja ein Fasttag ohne Fleisch und erst nach der Mette gibt es die „Würstelsuppe" zum Aufwärmen.

Für das „Bachlkoch" braucht man pro Person ¼ l Milch, 2 dag Mehl, eine Prise Salz, 1 EL Butter. Die Milch wird zum Kochen gebracht, das Mehl langsam mit einem Stielsieb eingestreut und dabei dauernd mit der Schneerute gerührt, damit keine Klümpchen entstehen. Wenn das Koch dicklich geworden ist, nochmals aufkochen, mit einer Prise Salz würzen und mit frischer Butter verbessern. Vor dem Auftragen wurden mancherorts noch ein paar Löffel Muas über das Koch gestreut. In einer scherzhaften Redewendung heißt es nach dem Essen: „Bist wieder uma Bachökoch ö(l)-ter wordn", also um ein Jahr älter geworden! Früher war es auch Brauch, dass man mit einem Fichtenbäumchen, dem sog. „Bachlboschen", den Rauchfang kehrte, damit von oben nichts Böses ins Haus fahren konnte. Auch wurden Hacken und Messer geschliffen, da die „Bachlschneid" besonders lange anhielt.

Christkindl
und Trösterlein

ഹൈൈ

„Da is ja no gar koan Christkindl drin", bemerkte verwundert der kleine Florian beim Betrachten der Kirchenkrippe im Tobi-Reiser-Adventsingen, um auf die Antwort, dass das Christkind ja erst in der Mette kommt, zu fragen: „Ja, wia soll des zuagehn, da kimmt's doch zu uns?" Damit ist natürlich das Christuskind gemeint, das in unseren Krippenliedern besungen wird. Das Christkind, das uns zu Weihnachten die Geschenke bringt, ist eigentlich in Nürnberg zuhause, eine Kunstfigur, die um 1535 von Martin Luther erfunden worden ist als Gegenstück zum katholischen Nikolaus, der in dieser Zeit als weihnachtlicher Gabenbringer die Kinder aufgesucht hat. Das Christkind hat zuerst einmal das evangelische Deutschland erobert und ist als lieb gewordener Brauch über Bayern nach Österreich gekommen. In der Barockzeit hat es vielfach Gestalt angenommen und wird seither auch außerhalb der Weihnachtszeit in gläubiger Hoffnung verehrt. Im ältesten Frauenkloster am Nonnberg in Salzburg wird das „Nonnberger Trösterlein" aufbewahrt. Es entstand um 1520, hält einen Apfel und ist mit einem roten Mäntelchen und Häubchen bekleidet. Beim Glockenkindl von Filzmoos handelt es sich um eine 80 Zentimeter große spätgotische Holzfigur, die ein Glöckchen in der Segenshand trägt. Es wird in einem Glasschrein über dem Altar aufbewahrt und wechselt jahreszeitlich seine Kleidung.

„O Tannenbaum, o Tannenbaum"

Gut 200 Jahre sind es her, dass der erste „Christbaum" nach „Berliner Sitte" anno 1814 im berühmten Salon von Fanny Arnstein in Wien erstrahlte. Als Vorbild wird oft ein Bericht aus Straßburg zitiert, wo 1604 eine Tanne mit Obst, bunten Papierrosen und Rauschgold behängt wurde. Schon ein halbes Jahrhundert später wetterte ein Prediger am Straßburger Münster: „Unter anderen Lappalien, damit man die frohe Weihnachtszeit oft mehr als mit Gotteswort begeht, ist auch der Weihnachts- oder Tannenbaum, den man zu Hause aufrichtet und mit Puppen und Zucker behängt …!" Um die

Jahre 1816/17 ist überliefert, dass der jüngste Bruder Napoleons, Jérôme Bonaparte, in seinem niederösterreichischen Exil Weihnachtsfeste mit kerzenbesteckten Tannen feierte. Wachskerzen waren damals kaum erschwinglich und fanden erst mit der Erfindung von Stearin und Paraffin in den 1830er-Jahren den Weg in die weihnachtlich geschmückten Wohnungen. 1785 soll es in Straßburg erstmals einen Christbaum mit Lichtern gegeben haben und erst 1826 erstrahlte der erste Christbaum in der Stadt Salzburg. Ein zugezogener Spitzenhändler aus Württemberg erbat sich bei seinem Leopoldskroner Milchbauern eine große Tanne, die mit bunten Ketten, Nüssen, Obst und brennenden Kerzen geschmückt wurde.

Überliefert ist, dass sich der heutige Weihnachtsbaum aus dem Paradiesbaum entwickelt hat, der bei den mittelalterlichen Paradiesspielen am 24. Dezember verwendet wurde. Wie auch immer der Christbaum geschmückt ist, beeinflusst vom Geschmack der Hausbewohner und der jeweiligen Zeit, finden wir allemal hell glänzende Kugeln. Sie sind ein uraltes Fruchtbarkeitssymbol, erinnern an die Licht spendende Sonne und vermitteln mit den Sternen die himmlische Kraft. Einer Legende zufolge stammt die Idee, farbige Kugeln aus Glas für den Christbaum herzustellen, von einem Glasbläser, der sich im Jahr 1847 die teuren Walnüsse und Äpfel für den eigenen Baum nicht leisten konnte. Erhalten ist auch das Auftragsbuch eines Glasbläsers aus dem thüringischen Lauscha, in dem 1848 zum ersten Mal ein Auftrag über sechs Dutzend „Weihnachtskugeln" in verschiedenen Größen vermerkt ist. Der eigentliche Siegeszug der Christbaumkugel begann aber erst 1880, als der Amerikaner Frank Winfield Woolworth die Glaskugel in die USA importierte. Dazu finden wir im Weihnachtsgebäck Pyramiden und Monde, Ringe, Rauten, Tiergestalten und Herzen. Neben den verschiedensten Schmuckelementen kamen auch typische Holzerzeugnisse aus dem Erzgebirge zu uns, wie man sie noch vereinzelt auf dem Christkindlmarkt erstehen kann: Flügelpyramiden, Räuchermännlein, Bergmannsfiguren und Rösslreiter. Lauter Symbole, die den aufmerksamen Betrachtern alter Bauernhäuser in unseren Freilichtmuseen auch heute noch begegnen.

Allein schon der Griff zur Türklinke und der Schritt über die Schwelle verbinden gediegene Handwerkskunst mit altem Abwehrzauber. Meist finden wir im Bereich um den Türgriff kunstvolle Ornamente und auch das Schlüsselloch weist besondere Motive auf. Freilich sind mit den alten „Kunstwerken" auch Zauber verbunden, die in unserer Zeit keine Gültigkeit haben und die uns vielfach nur Verwunderung entlocken. Die sorgfältige Behandlung, die z. B. dem Türschmuck zuteil wurde, hängt mit einem alten Aberglauben zusammen. Die Schwelle ist ja nicht nur in praktischer Hin-

sicht ein Übergangsraum, sondern auch symbolisch. Demnach schlagen die Geister, die Dämonen und Hexen stets diesen Weg ein, um in das Haus zu gelangen. Gerade die „Raunächte" sind mit vielen dieser Geschichten verbunden. Im Laufe der Jahrtausende haben sich heidnische und christliche Formen vermischt, wobei Kugel, Herz und Kreuz immer wieder in Erscheinung treten. So finden wir häufig an den Türschlössern ein Herz, aus dem ein Kreuz herauswächst, das Symbol des Lebensbaumes, Pentagramme oder Hexenbesen. So wie im Christbaumschmuck und im Weihnachtsgebäck immer wieder das Herz zu finden ist, so war es auch eine beliebte Symbolfigur in ländlichen Bauten. Man findet es an allen nur möglichen Stellen des Hauses, aus den verschiedensten Materialien, auf dem Dach, an der Mauer und auf dem Holzwerk der Fenster und Türen. Immer aber ist das Herz ein Zeichen der Treue zu Haus und Hof und ein glückbringendes Symbol.

Die Zwölften

❦

„Grünen am Christtag Feld und Wiesen, wird sie zu Ostern Frost verschließen. Hängt zu Weihnachten Eis in den Weiden, kannst du zu Ostern Palmen schneiden!"

So lassen uns alte Wettersprüche in die Zukunft schauen, wobei die Witterung im kleinen Weihnachtsfestkreis einen Schluss auf das ganze kommende Jahr zulässt. Nach diesem Grundsatz erstellte so mancher Bauer seinen eigenen „Wetterbericht", indem er zwölf kleine Kreise oder Nullen mit Kreide an den Türrahmen schrieb. War das Wetter den ganzen Tag schön, ließ er den Ring unausgefüllt; war ein Teil des Tages oder der ganze Tag schlecht, wurde der Ring zu einem Viertel bzw. halb oder ganz ausgefüllt. Jeder Kreis bedeutete einen Monat und so hatte man die Wettervorhersage für das ganze Jahr: „Wie sich die Witterung von der Christnacht bis Heilig Drei König tut verhalten, wird sich das ganze Jahr gestalten!" Im uralten Volksglauben galten die zwölf Tage bis zum 6. Jänner als „heilig". Schwere körperliche Arbeiten waren untersagt, es ruhte die Arbeit im Wald und es durfte weder gesponnen noch geflickt werden. Sinnvolle Rügebräuche mahnen dabei zu Sauberkeit und schlampigen Personen wurde bildhaft der Bauch aufgeschnitten und der gefundene Unrat eingefüllt. Ähnlich verhält es sich mit der Wäsche, die in den Raunächten nicht hängen darf und auch der Weihnachtsputz dürfte darin seinen Ursprung haben. In manchen Gegenden behauptete man auch, dass die über Nacht aufgehängten Leintücher, die durch den Winterfrost erstarren und dann Kuhhäuten ähnlich sind, Unglück im Stall bedeuten.

„Windstill muss St. Stefan sein, soll der nächste Wein gedeih'n!"

Mit dem hl. Stefan hat ein großer Bauernheiliger für den zweiten Weihnachtstag das Patronat übernommen. Neben dem hl. Leonhard ist er Beschützer und Patron der Haustiere. Auch Kutscher, Maurer und Schneider vertrauen ihr Tagwerk diesem Heiligen an. Da er als erster Märtyrer gesteinigt worden ist, soll er alle jene Leiden lindern, die mit Steinen in Verbindung stehen. Sein Tag war früher ein großer Pferdetag, an dem die Rösser zur Ader gelassen wurden. Über Gallien kam seine Verehrung nach Oberitalien und strahlte über Wien bis nach Ungarn aus.

Am 27. Dezember erinnert der Kalender an den Evangelisten Johannes und meint damit den Lieblingsjünger des Herrn. Seit dem frühen Mittelalter ist die Weinsegnung bekannt und der „Johanniwein" hilfreich in vielen Lebenslagen. Ein Trunk zu Ehren der Götter war das heidnische Vorbild. Nach der Legende wurde ihm ein Giftbecher überreicht, den er mit dem Kreuzzeichen segnete und sodann unbeschadet austrank. Johannes starb hochbetagt um das Jahr 100.

„Unschuldiger Kindl-Tag"

„Frisch und g'sund, frisch und g'sund, a freudenreich's, glückselig's neues Jahr und a Christkindl mit krauste Haar."

Dieser Glückwunsch begleitet eine fröhliche Kinderschar, die am 28. Dezember, am „Unschuldigen Kindl-Tag", im Lungau unterwegs ist. „G'sund bleiben und lang leben", dies ist der Wunsch, der durch zarte Schläge mit der Birkenrute oder mit der Hand bekräftigt wird. Dieser von der Steiermark ausgehende Brauch wird auch „Pisna-Gehen" oder „Pißerngehen" genannt. Dem langjährigen Obmann der Lungauer Heimatvereine Albert Koller ist es zu verdanken, dass dieser Brauch auch in unseren Tagen weiterlebt. Gera-

de in seinem Heimatdorf Oberweißburg bei St. Michael freut man sich auch heute noch über einen leichten Schlag mit der „Lebensrute". Sie soll das Unreine oder Böse im Menschen vertreiben und die „inwendige" Fruchtbarkeit übertragen. Die auch in Oberkärnten übliche Bezeichnung „pisnen oder pisn" entspricht dem mittelhochdeutschen „bisen", das so viel wie umherrennen bedeutet. Schulrat Adrian schrieb vom „Anbismen" und der Volkskundler Georg Graber nennt noch die Ausdrücke „plissnen", „schap'n" oder „tschap'n" als sprachliche Bezeichnungen des Schlagens mit der Lebensrute. Im „Schap" und der damit verbundenen „Schapruatn" finden wir die Verbindung zum auch bei uns noch bekannten Begriff „Schab", mit dem wir einen Bund oder ein Büschel bezeichnen. So ist im bäuerlichen Sprachgebrauch noch immer von einem „Schab" Stroh die Rede. Für uns ein sicheres Zeichen dafür, dass Ausdrücke und Gebräuche immer wieder Sprach- und Landesgrenzen überschreiten. Überall ist aber der gleiche Segenswunsch erkennbar: „Frisch und g'sund, frisch und g'sund, g'sund bleiben und lang leben, der Roggen soll Vierling geb'n und der Woaz a, der Habern soll zottat sei' und die Kuah schwa'r!"

Kleeblatt, Schwein und rußige Glücksbringer

Obwohl schon in frühesten Zeiten der 31. Dezember als Rau- und Orakelnacht wahrgenommen wurde, kennen wir seine Bedeutung als Jahresschluss erst seit dem Neujahr 1691. Papst Innozenz XII. setzte diesen Termin fest. Die Bräuche um den Jahreswechsel stammen meist aus städtischen Gewohnheiten und verbinden sich im Silvesterschießen mit der Lärmabwehr alter Raunachtsbräuche. Immer aber sind da-

mit Glück- und Segenswünsche verknüpft, die mit verschiedenen Glücksbringern überbracht werden. Solche Gegenstände, mit denen man eine gewisse „Heilssituation" schaffen will, waren schon bei den ältesten Völkern der Welt bekannt. So der wilde Eber als heiliges Tier der germanischen Götter. Die germanische Göttin Freya trug beispielsweise den Beinamen Syr (Sau), und Schweine waren Opfertiere für die griechische Göttin Demeter. In europäischen Kulturen war die Sau aber auch Symbol für Wohlstand. Wer ein Schwein hatte, wurde meist schon als reich und glücklich angesehen. Auch heute noch gilt das „Glücksschweinchen" als Beschützer von Haus und Hof, der „Glückspilz" als Hinweis auf das Finderglück, das „Kleeblatt" unterstreicht das Glück noch durch die Kreuzform des Blätterstandes und das „Hufeisen" schöpft seine Kraft aus dem in der Glut des Schmiedefeuers gereinigten Eisen.

Überbringer der Glückwünsche ist meist der Rauchfangkehrer, der durch seine Nähe zum reinigenden Feuer und zum „heiligen Herd" die Ungeister vertreiben kann. Warum gerade der kohlrabenschwarze Rauchfangkehrer als Glücksbringer bei der Bevölkerung einen so hohen Stellenwert hat, lässt sich auf das Mittelalter zurückführen. Die Feuerstelle im Haus galt als Lebensmittelpunkt der Familie, da sie Wärme und Licht spendete. Ein gereinigter und funktionstüchtiger Kamin war darüber hinaus der beste Schutz vor Feuergefahren und der rechtzeitige Besuch des Rauchfangkehrers daher mit Glück verbunden. Seine Rolle als Glücksbringer zu Neujahr geht auch darauf zurück, dass die Schornsteinfeger traditionell zu diesem Termin ihre Jahresrechnung legten und aus diesem Anlass auch vielfach als erste Gratulanten auftraten.

Die Wiege der alpenländischen Rauchfangkehrer stand in Oberitalien, im Val Vigezzo, dem sog. „Kaminfegertal".

Der erste italienische Rauchfangkehrer aus der Dynastie der May, der vom Salzburger Erzbischof beauftragt wurde, die Kamine in der Stadt Salzburg regelmäßig zu kehren, kam Mitte des 16. Jahrhunderts nach Salzburg. Da die Leute „inner Gebirg" äußerst widerspenstig waren, setzte der Erzbischof 1754 den ersten Landkaminkehrermeister Johann Thadee May ein, der von Radstadt aus mit seinen italienischen Gesellen den Lungau, Pongau und Pinzgau versorgen musste. Die italienischen Kaminkehrer hielten sich in Salzburg bis ins 19. Jahrhundert. Einer der ersten Salzburger Kaminkehrer war Jacob Feichtner, dessen Lehrbrief am 18. März 1850 vom letzten italienischen Kaminkehrermeister Jakob May unterzeichnet wurde. Sein Ur-Urenkel Horst Feichtner, der noch im ehemaligen Firmensitz im alten Gstättentor zur Welt kam, ist Bezirkskaminkehrermeister und für die Salzburger Altstadt zuständig.

„Tret ma aft ins neue Jahr!"

Lieder im Weihnachtsfestkreis
Salzburger Lieder- und Jodlerschatztruhe

1. Tret ma aft ins neu - e Jahr!

Schick viel_ Flachs und Scha - fe - haar,

Woad und Troad solln guat ge - deihn

und viel Hen - nei in da Steign.

„Es ist heut erst der achte Tag, seitdem das Kind geboren ward, geboren von einer Jungfrau rein. Das soll auch unser Erlöser sein!" So wollen wir nun mit den Sternsingern das alte Jahr beschließen und mit dem Neujahrsgruß der Böllerschützen vom hl. Silvester ein gutes Geleit ins neue Jahr erbitten.

An Fried', an G'sund und an Reim

Mit der großen Raunacht vor Dreikönig wird im gesamten Alpenland uraltes Brauchtum lebendig, das sich in mittwinterlichen Maskenumzügen erhalten hat. Perchten und Glöckler sind unterwegs, die im uralten Brauch Glück und Segen bedeuten. Ausgehend vom Salzkammergut finden nun schon seit mehreren Jahrzehnten die „Glöckler" mit ihren symbolhaften Lichterkappen ihren Weg in die Stadt. In den Bauernküchen roch es früher nach Butter und Schmalz; „denn wer heut Krapfn bacht, dem wird g'sunga auf d'Nacht!", bezeugt ein alter Spruch. „Gwa!, Gwa!, Gwa!", so ertönt es im Rauriser Tal, wenn die „Schnabelperchten" in

die Häuser treten. Im Volksglauben ist uns die Frau Percht in zweifacher Gestalt bekannt: als schönes und freundliches Wesen, als „Schönpercht", oder hässlich und strafend als „Schiachpercht". Ordnungsliebe und Sauberkeit erwartet die Percht und in manchen Stuben gehen sonderbare Geschichten von Mund zu Ohr. Schlampigen Hausleuten wurde der Bauch aufgeschnitten, Kehricht und Unrat hineingeschüttet und wieder zugenäht.

Mystisch und geheimnisvoll ziehen in einigen Pinzgauer Gemeinden die „Tresterer" in die Bauernstuben und versuchen mit alten Tanzschritten das Unheil zu bannen. Angekündigt werden sie von einem „Hanswurst", der zu Beginn des Kulttanzes mit einer langen Lederwurst das Kreuzzeichen auf den Stubenboden schlägt. Ähnliches passiert im alten Gollinger Perchtenspiel, das sich um den naturbezogenen Streit zwischen Sommer und Winter rankt. Mit dabei ist die Frau Percht, die als Anführerin der Perchtengruppe in die Stube tritt. Sie kehrt mit ihrem Reisigbesen den „Unreim", also das Ungute aus dem Haus und ist somit Glück- und Segensbringerin. An die 20 Personen sind in Golling mit Fackeln und Spielmusik zu den Bauernhäusern unterwegs, wobei der Besuch als Auszeichnung und Ehre gilt. Da man aber das Glück nicht kaufen kann, ist es seit jeher verpönt, Geld anzunehmen. Auch die Gollinger Perchten halten sich an diese Sitte und verschwinden nach ihrem Spiel wieder in der Winternacht. Im Kreis der Glücksbringer finden wir neben Hobagoaß und Vogelpercht auch Fetzenperchten. Vermummte Raunachtler sind auch am Dürrnberg unterwegs, wünschen Glück und bedanken sich mit hoher Stimme für dargebotene „Raunachtnudl", Buchteln aus süßem Germteig, bei mittlerer Hitze im Rohr goldbraun gebacken und mit zerlassener Butter und Honig übergossen.

„Glück hinein, Unglück heraus,
die Percht' kimmt ins Haus!"

Dreikönigsritte, Perchtenlauf und Sternsinger

❦

Mit dem Hochfest der „Erscheinung des Herrn" schließt sich nun zu Dreikönig der kleine Weihnachtsfestkreis, der aber im Kirchenjahr den Bogen bis „Maria Lichtmess" spannt. Am 40. Tag nach Weihnachten (2. Februar) wird schließlich die Darstellung des Herrn im Tempel gefeiert. Das Dreikönigsfest fasst die Erinnerung an die leibliche Geburt Jesu, an die Anbetung der Magier und an die Taufe im Jordan zusammen. Die Dreizahl der Weisen aus dem Morgenland wird zum ersten Mal vom Kirchenlehrer Origines (185–255) angeführt. Seit wir die Drei Könige beim Namen nennen, sind mit ihnen viele Legenden verbunden, die mit dem strahlenden Stern in Verbindung gebracht wurden. Kaspar, der Name des Schatzmeisters, bedeutet Glanz, Melchior Lichtkönig und Balthasar gilt als Beschützer des Lebens. Nun sind sie wieder unterwegs, wünschen Glück und

sammeln für einen guten Zweck. In verschiedenen Orten und Kirchen wird noch das Wunder der Heiligen Nacht besungen und mit den Drei Königen das Kind in der Krippe besucht.

Mancherorts verleihen Volksliedsänger den Drei Königen ihre Stimme, die in verschiedenen Gemeinden auch hoch zu Ross ihre Aufwartung machen; so auch beim Großen Pongauer Perchtenlauf, der abwechselnd in Gastein, Altenmarkt, Bischofshofen und St. Johann tausende Zuseher und Brauchtumsfreunde anzieht. Die großen Perchtenumzüge sind im vorigen Jahrhundert bewusst in die Märkte und Städte verlegt worden, um sie einem großen Publikum zu zeigen. Ursprünglich waren die Perchten nur in der Nacht von Gehöft zu Gehöft unterwegs, mit einem Heische- und Rügebrauch verbunden und sollten die schlummernde Natur und die guten Lebensgeister wecken. Schönperchten sind reine Glücksbringer und Fruchtbarkeitsspender. Der Spiegel und der glänzende Schmuck werden dem Licht und der Sonne zugeordnet. Licht und Sonne bedeuten auch Wärme. Spiegel lügen nicht und wirken auf alles Böse und Schlechte abstoßend. Die guten Geister und Mächte werden jedoch davon magisch angezogen. Die Jagd- und Waldperchten dokumentieren die Achtung zur Natur und zum Weidwerk. Die kräftigen Farben der Schmuckperchten gelten als Symbol für das Gute und Schöne. Rot bedeutet dabei gesundes und kräftiges Leben, Weiß steht für Reinheit und Glück.

Der Große Pongauer Perchtenlauf umfasst über 400 Mitwirkende, wobei der Brauch streng eingehalten wird und nur männliche Personen mitwirken. Auch die „Gesellinnen", welche die Schönperchten begleiten, werden von Burschen dargestellt. Höhepunkt des Perchtenlaufes, der bereits im 17. Jahrhundert erwähnt wird, sind die Referenzen der prächtigen Tafelperchten. Auf Kommando des Perchtenhauptmannes verneigen sich die Schönperchten zum Segen der Bürger und der Ehrengäste.

Eine Besonderheit rund um das Dreikönigsfest verbinden wir auch mit dem „Dreikönigswasser", das am Nachmittag vor dem Fest geweiht wird. Aus dem Berchtesgadener Land ist uns überliefert, dass das Dreikönigswasser aus drei verschiedenen Kirchen geholt werden soll, da es dann eine entsprechende Heilkraft bekommt. Gerne wird es nach Hause getragen, bei Halsweh eingenommen und für besondere Anlässe aufbewahrt. Im Weihen des Wassers werden wir an das Element des Lebens erinnert und der entzündete Weihrauch durchzieht unsere Häuser als Zeichen der festlichen Freude.

Nach altem Brauch werden bei der Haussegnung die Türen mit der Inschrift C + M + B bezeichnet: „Christus Mansionem Benedicat" – Christus, segne dieses Haus.

Seids munter, ihr Christen

Lieder im Weihnachtsfestkreis
Salzburger Lieder- und Jodlerschatztruhe

1. Seids mun - ter, ihr Chris - ten, tuats
   wenn wir euch mit dem Knal - len der
net da - schre - ckn, Seids mun - ter für -
Büch-sen we - ckn.
wahr, lo-bet Gott im - mer - dar, der
euch all' be-glückt hat im ver-flos-se-nen Jahr.

Mit einem herzlichen Glückwunsch wollen wir nun das neue Jahr begrüßen und mit der mundartlichen Einladung von August Rettenbacher hoffen, dass es ein gutes wird.

„Kimm einer, neus Jahr! Es is ma net bang,
ih han mih drauf eingstellt. Was grüblt ih lang.
A Sach, wird's frisch anpackt, de is schon halb gwunga,
a Liadl, frisch angstimmt, dös is schon halb gsunga.
Kimm einer, neus Jahr! Mir werdn ins vertragn.
In Glück net z'houh außi, in Load net verzagn.
Wia's sein will, wia's sein muaß, soi's wern und
soi's kemma, du werst mar viel gebm,
und du werst ma was nehma!“

Über den Autor

....

Bertl Göttl wurde 1942 in Gmünd in Kärnten geboren. Den bäuerlichen Werten und der Volkskultur eng verbunden, moderiert der ehemalige Landwirtschaftslehrer und Agrarlandesrat seit 1995 die TV-Sendung Hoagascht. Einem großen Publikum ist Göttl auch durch sein Mitwirken beim Salzburger Adventsingen, beim Salzburger Passionssingen und beim Tobi-Reiser-Adventsingen bekannt. Der Vater dreier Töchter ist im Salzburger Pongau und im steirischen Ennstal aufgewachsen. Heute lebt er mit seiner Frau in Wals-Siezenheim.

© 2015 Servus bei Benevento Publishing, eine Marke der Red Bull Media House GmbH, Wals bei Salzburg · Alle Rechte vorbehalten, insbesondere das des öffentlichen Vortrags, der Übertragung durch Rundfunk und Fernsehen sowie der Übersetzung, auch einzelner Teile. Kein Teil des Werkes darf in irgendeiner Form (durch Fotografie, Mikrofilm oder andere Verfahren) ohne schriftliche Genehmigung des Verlages reproduziert oder unter Verwendung elektronischer Systeme verarbeitet, vervielfältigt oder verbreitet werden. Titelsatz aus einer Kalligrafie von Karl Starzer, Satz aus der Hoefler Text und The Sans. · Medieninhaber, Verleger und Herausgeber: Red Bull Media House GmbH · Oberst-Lepperdinger-Straße 11–15 · 5071 Wals bei Salzburg, Österreich · Gestaltung und Satz: graficde'sign. pürstinger, Alex Stieg · Bilder: Cover: Christine Wurnig; Innenseiten: S. 9, 22, 27: Michael Reidinger, S. 12: Barbara Gindl/APA/picturedesk.com, S. 15: Flora Press/Hilde Frey, S. 19, 49, 56: Degn Film GmbH, S. 34: Diether Endlicher/dpa/picturedesk.com, S. 41: Manfred Horvath/Anzenberger, S. 44: Arno Balzarini/EPA/picturedesk.com, S. 47: Nikolaus Similache/Anzenberger, S. 54: Christine Wurnig, S. 58: MiS/dpa Picture Alliance/picturedesk.com · Druck und Bindung: Druckerei Theiss

Printed in Austria
ISBN 978-3-7104-0059-9
1 2 3 4 5 6 7 8 / 18 17 16 15